만인시인선 · 87

아파트 옆 우체통

권오용 시집

아파트 옆 우체통

만인사

시인의 말

땀방울 위에 햇살이 춤을 춘다.
스치는 바람이 게으른 감각을 꺼낸다.
녹아내리는 이 순간을 붙잡아
꿈결 속에서 길을 찾는 매미처럼
세상의 모든 소리와 빛깔이
나의 시 속에 매화향으로 녹아들기를….

하늘에 뭉게구름이 가득하다.
아파트 옆 붉은 우체통,
그 덧없는 아름다움을 기억하고 싶다.

차례

시인의 말 ──────── 5

1. 시니피앙 굿모닝!

금호강 봄 편지 ──────────── 13
봄비 ──────── 14
달팽이 ────────── 15
달빛도 느슨해지고 ──────────── 16
안심습지 ──────────── 17
흩어졌다 다시 모인 구름 아래 ──────────────── 18
호적초본 ────────── 19
돌강 ──────────── 20
시니피앙 굿모닝! ──────────── 22
이슬떨이 ────────── 23
홀수 ──────── 24
자전거를 타고 ──────────── 25
벚꽃 엔딩 ────────── 26

차 례

참새 ——————— 27
발가락 양말 갈아 신고 ——————— 28
하지감자 ——————— 29

2. 프랜차이즈 & 즉석복권

책갈피 ——————— 33
중고서점 ——————— 34
코비드, 마음은 가깝게 ——————— 35
프롤로그 ——————— 36
사랑니 ——————— 37
어린왕자를 위하여 ——————— 38
배심원들 ——————— 40
프랜차이즈 & 즉석복권 ——————— 42
스틸 라이프 ——————— 43
다시 하는 산수 공부 ——————— 44
나팔꽃 ——————— 45
소나기 지나간 뒤 ——————— 46

차 례

3. 햄은 할 말이 많다

마트료시카 —————— 49
먼지 ———— 50
미나리꽝에 스며든 달빛 —————— 51
햄은 할 말이 많다 —————— 52
희망퇴직 ————— 53
타월 ———— 54
손가락의 기억 ————— 55
공중목욕탕 ————— 56
보슬비 ———— 57
그림자의 빛 ————— 58
구르는 바퀴는 쉽게 멈추지 않는다 —————— 60
오리무중 ———— 61

4. 구랑리 사설

앵두 ———— 65
타임머신 ————— 66

차 례

회룡포 공무도하 ──────── 67
큰형수 ──────── 68
귀때동이 ──────── 69
마성양조장 ──────── 70
고주박이 ──────── 71
골뱅이 속살 빼먹 듯 ──────── 72
선유구곡 ──────── 74
매화꽃 홀로 피었네 ──────── 75
부지깽이 ──────── 76
삼강주막 ──────── 78
수석, 귀 먹고 눈 먼 ──────── 80
옹이 ──────── 81
슴베 ──────── 82
노루귀 ──────── 83
처녀치마 ──────── 84
꽁초 ──────── 85
섣달그믐 ──────── 86

차 례

5. 회연서원 불두화

아파트 옆 우체통 ─────── 89
오디 ─────── 90
동촌 구름다리 ─────── 91
징검다리 ─────── 92
볕뉘 ─────── 93
동서시장 ─────── 94
어떤 소리 ─────── 96
흔들림 뒤에는 무엇이 남을까 ─────── 97
회연서원 불두화 ─────── 98
염불암 ─────── 99
눈물은 쉬 마르지 않는다 ─────── 100
템플스테이 ─────── 101

|시인의 산문|
일상 너머 사유 속으로 ─────── 103

1
시니피앙 굿모닝!

금호강 봄 편지

꽃 터널에 꽃보라 몰아친다
한잎 두잎 포개진 싱그러운 숨결이
사발눈처럼 쌓인 아이스크림 같은 세상
보름은커녕 열흘도 채우지 못하고
흩날리며 비틀거리며
꽃잎을 비질하는 기세 다툼 바람결에
둑방 밑으로 빗금치듯 스러진다
감당할 수 없는 생가슴에 쏟아부은
옆집 연풍양반 손녀딸과 소꿉 사랑, 꼬꼬재배
철없던 고백으로 농밀해진
두레반 맛 내던 봄마다 벚꽃
날름날름 선하품하는 잉어들 입질에 물려
아랫 물길로 띄워 보낸다

봄비

바람에 쓸려간 지난가을 억새의 되새김질

돌배기 송아지 어미 찾는 발자국

막 땅 속에서 튀어나온 개구리 기지개 켜는

물고기 잡아 늘어놓은 수달의 물장구

토닥토닥 화단을 손질하는 꽃삽

한생각 들며나며 움 틔우는 한 숭어리 난 촉

덤바위에 쌓아 올리는 육층 돌탑

달팽이

바닥에 달팽이라 쓰니 정말 달팽이가 되었다 밭주름 잡초들 사이 딱정벌레 기지개에 짝짝이가 된 발기된 뿔이 간지럽다 귀엽지도 않은 내가 내장을 뒤집어 데굴데굴 웃어 보일 수도 없고 까막눈이라 코앞 쪽파 한 가닥 담을 수 없으니 파밭 끝이 보일 리 없다

 <u>끄억끄억</u> 머리 위를 나는 까마귀 떼
 너희들은 무엇으로 왔다 돌아가느냐
 행여 이랑 끝 봄까치꽃에 닿기까지
 아무리 재주부린들 한입거리
 전자레인지에 식은 밥 데우는 저녁
 주소 하나 남겨 놓지 못할 생이 사각사각
 상현을 빠져 나간다

달빛도 느슨해지고

아아,
태양이 한눈팔기를 기다리다 어둠이 내리면
하얀 분필로 눈썹화장하고
은은한 미소 하늘 높이 걸어놓던

깨알같이 흩어지는 유성으로 어지러워진 하늘

 진공청소기로 빨아내느라 이 말도 안 되는 하루를 스물네 조각으로 쪼개 살고 있는 바싹 마른 낙엽길 걸어본 사람은 안다

 필 때는 느린 꽃처럼 왔다
 질 때는 빠른 잎처럼 가는 발자국 소리는
 재바르게 알아차릴 수 없다는 것을

 어디선가 하염없이 달그림자 바라보는 이여!

안심습지

 오래도 걸렸구나 까마득한 허공을 날아 그리운 소식 물고 왔을지도 모를 큰고니 편대 수줍게 벗은 몸에 내리면 깜짝 놀란 흰뺨검둥오리 쇠물닭 논병아리들 물비린내 가시게 하는 뽀송한 햇볕에 젖은 깃털 말리다 말고 주름 물결 이루는 남은 시간 어떻게 견뎌야 할지 재재거린다 농익은 세월만큼이나 진창 깊숙한 곳으로 고니들 날갯짓 파닥이며 스미면 마지못한 듯 허리춤 들어올려 허옇게 드러난 가랑이 활짝 열어준다 한껏 수척해진 겨울을 흔들며 쉼없이 흘러가는 구름 아래 모가지 꺾인 연 대궁이 서갈바람과 맞장뜰 때 쭈빗쭈빗 비집고 들어오는 속살 질퍽하게 젖는다 철 따라 오장을 뒤집어놓던 실연의 눈물 자국 밴 서걱이는 갈대숲 바라보며 삿대도 없이 쪽배만 띄워놓은 노처녀 빼도 박도 못한 채 은근히 추파 보낸다

흩어졌다 다시 모인 구름 아래

    세상을 물들이는 가랑비의 중얼거림을 듣습니다 중얼거림이 철없는 장대로 변해 활짝 펼친 우산으로도 감당이 안 되는 한 잎 낙엽이 빗물에 젖어 해맞이다리 밑으로 몸 숨깁니다

    카페에서 빗소리 내는 피아노 선율에
폴짝폴짝 튀어 오르는 크라운, 크라운
요리조리 헤치며 또 다른 낙엽이 날아듭니다
별 볼 일 없을 것 같은 시월
"요양원에 모셨던 어머니를 코로나로 면회도 못 하고 화상통화 한 번에 하직…"
주춤거리던 빗물 금방 진창으로 변합니다

    비가 이파리 다 떨군 뿌리의 목마름 축여줄 수 있다면 한 생의 자취 씻을 수만 있다면 두런두런 하고 싶은 말이 많아 길게 내리는 비

호적초본

 앞구르기로 날아다니다 제대로 서책을 마주했던 노상에서 까까머리 교복이 걸어나온다 첫 상경으로 발 디딘 논현에서 일 년 등 떠밀려 내려왔던 침산을 거쳐 태전, 외딴 문간에 단칸 신혼방 꾸렸다 관음, 읍내, 신천, 효목의 문지방 넘나들 때 두어 평 계약서 그 아래 맨드라미나 분꽃 화분이 골목 소품이 되었다가 간혹 흔적 없이 사라지곤 했다 맞은편에 세 들었던 여자들이 주민세 체납으로 낯이 익기도 전에 자주 바뀌기도 하던 동네 들머리 느티는 혹한의 때를 기억이나 할까 공동우물 두레박으로 건져낸 구겨진 물방울무늬 넥타이와 빳빳이 풀 먹인 와이셔츠 깃은 제대로 펴지기나 했을까

 쉽게 잡히지 않는 꿈 좇아
 이삿짐 풀었다 쌌다
 쌌다 다시 풀었다 한

돌강

봉합엽서 뜯는 손가락이 떨리네
진작 받아보지 못한 답신인 듯
끝내 답 없던 낡은 겉봉 속 사연이 스러져 있네

요래조래 뒤집으며 구르며 수취인 미상의
거문고 소리가 너덜겅 사이 귓바퀴 굴릴 때
그린란드 빙하가 눈사태로 쏟아지네

밀레의 바람막이 점퍼가 지나가네
나이키 운동화가 뛰어내리네
고라니가 오줌 갈기네 멧돼지가 똥을 싸네
진눈깨비 깨비 몰려와 흔적을 지우네

미처 고백하지 못한 연서에
침묵 깨워주는 발가벗은 겨울이
벚나무 까마귀부전나비와
담자리참꽃 마중 나와 환장할 꿀벌 기다리네

내가 세상에 나와
맨 처음 배운 것도
눈물 훔치는 일이었네

시니피앙 굿모닝!

강변주차장에 대형화물 차량과 환승된
나 홀로 경차 한 대
침수경보 듣지 못했을까

꽃 숨긴 석류나무 초록잎 곁으로 접시꽃
나긋나긋 피었다 잦아질 화무십일홍이냐
오늘도 하루 빠져나갈 출구가
무척 넓거나 너무 좁다

당신은 푹신한 잠자리에서 뒹굴뒹굴
스마트폰이나 검색하고 있겠지
눈알 빠지도록 유튜브 채널 굴리며
히죽거리고 있을지도 몰라

그렇든 말든 한 점 선연한 붉음으로
끼니에움 마중하는 모닝, 굿모닝!
카톡카톡 겁도 없이 뛰어내리는 빗방울
나의 예쁜 시니피앙 굿모닝!

이슬떨이

　허공 가득한 하늘에서 아무도 눈치 못 채게 고요히 내려와 혼곤하게 잠든 풀잎에 조롱조롱 매달려 새벽길 떠나는 이 신발을 젖게 하고 마침내 저 아랫마을로 흐르는 시내에 들면 살찐 버들치들이 그리운 시절 입에 물고 물 위로 뛰어오를 때 천만 개 눈동자를 굴려 맺고 떨어지고 웃고 뒹굴어도 닿을 수 없는 빛의 시간 거기 미뤄뒀던 푸르른 날의 고백 운 떼지 못한 속울음 우묵하다

　그믐달 벗 삼아
　풀뿌리 같은 사람 배웅하면서도
　그녀는 미처 듣지 못했다

　잘 있거라, 초희야!

홀수

짝 잃은 철새의 울음이거니
끼룩끼룩 누가 이기나 버틸 때까지 버텨보는 것이다
한풀 꺾인 무더위를 뒤로한 가을 입김에 그저 미소나 지어보는
파란 하늘에 그어놓은 비행운 하얗게 옆구리 시린 자가용 격일제 운행에 눈꺼풀 까뒤집어 흘겨보는

소슬바람에 떨고 있는 오동잎 남은 이파리
먼저 내밀었다 거절당해 거둬들이는 빈손

깊은 침묵 속으로부터 쿵, 하고 마음이 내려앉는
개울을 가로지르는 징검다리
한 칸 건너뛰고 발 모으고 한 칸 건너뛰고 발 모으고

선구자로 나서기를 마냥 뭉그적거릴 때
선뜻 깃대 세워보는

자전거를 타고

　하중도 계단 손잡이에 고삐처럼 매어놓은 자전거를 끌고 나왔다 분홍도 파랑도 이르지 못한 노랑연두에 한 자리 내어준 꽃밭에 발 들인다 햇볕을 다 들여 앉힌 한 무리가 전해오는 엷은 향기는 애초에 스스로 경계를 지은 적 없다 광대나물 방가지똥 지칭개와 함께 졸음 늘어지는 풀숲처럼 살고 있다 환한 유채는 온 동네를 밝히며 봄을 만든다 그리운 이에게 사진을 전송하고 돌아서는데 바람은 무슨, 자연을 벗한 여자의 남자 되어 뒷바퀴를 끌어주는 앞바퀴 앞바퀴를 따르는 뒷바퀴 사르랑 사르랑 허리에 감겨오던 풀꽃 같은 사람 홀연 오늘 중으로 돌아가야 할 길 잃어버렸다

벚꽃 엔딩

보고 싶다 하니 그립다 손짓하는
가자, 네가 있는 곳으로

실가지 함박웃음이 무거워
잔뜩 휜 능수 허리, 어찌 이리 있는가

시오리 꽃길 걷다 그늘 아래 좌판 무릎 맞댄 채 뜨거운 오뎅 국물 후후 넘기던

지키지 못한 약속 이해할 수 없다
구해야 할 용서가 돌아 볼 때
멀리 있어 늦은 너를 당겨
풀었다 여몄다

시울 붉히는, 안단테 안단테

참새

마당에 비질하는 소리 줄지어 내려앉는다
먹이 쪼아대며 댓바람에 막춤을 춘다
어쩌다 뒤통수가 근지러워 바람 부는 쪽으로
우두커니 서 있던 그대와 마주친 눈길
으스러질 것 같은 푸른 연애
어둠 훔쳐보는 눈동자가 횃불 같다
날 밝으면 꼬옥 잡고 있던 손 놓고
샛별 같은 울음 울며 둠칫둠칫 날아가겠지
댓잎 비벼대는 높은음으로 반짝이는 지저귐은
팽팽하던 고무줄 금방 끊어지고 말 것 같은
삶이 더욱 분주했던
캄캄해진 하늘 보며 턱을 괸다
포차에서 한 잔 술안주로 하루를 곱씹으며
빈집으로 돌아오는 뚜벅걸음에
숲길이 쓰쓰삭삭 찬바람에 흩날린다

발가락 양말 갈아 신고

낯선 여자 살냄새 맡으러 나선
종종걸음에
바싹 마른 모래 먼지가
발등에 쌓인다

갯내음 풍기는 뭉클한 바닷가를
사리와 조금이 꼼지락꼼지락 어깨 부딪치며
저마다의 속도로 드나들 때
있는 듯 없는 듯 그 맨 끄트머리

모시조개 작은 방 해종일 엎댔다가 제켰다가
또 어디로 튈지 생각하는 것이다

갑진년 봄바다 너무 멀리 있다

하지감자

  눈부신 햇살 아래 새싹 틔우는 같이 있을 땐 몰랐던 무심한 시간이 흐른다 사회적 거리두기로 두 손 맞잡을 수 없는 좌절에 눈물 콧물 다 쏟아낸 척박한 땅에서 앓던 가슴 한구석 숨아내고 세월 지나면 다시 만날 수 있다는 하나마나한 거짓말에 어른짓 않고 어거리풍년으로 주렁주렁 딸려나오는 저도 모르게 한통속으로 서로의 거울이 될 것 같은 속마음 들킬까 삼월에서 유월까지 오달지게 흙 내음에 숨어지낸 억지웃음 슬픈 시절 있었다

2

프랜차이즈 & 즉석복권

책갈피

　나뭇잎이란 것이 마냥 푸르기만 한 것은 아니어서, 한 장만 떨어져도 가을이라 책상에 귀를 대면 한여름에 밑줄 긋고 건너온 낯선 말들이 상형문자 보내오는데, 계집애였다가 처녀였다가 스물다섯 쪽에 남기고 간 입술 자국, 뒤돌아 불러주지 못해 두절되었던 무명의 마음, 밤은 길어지는데 또렷이 귓가에 목소리만 잘게 부서지는 주근깨 가득한, 아무리 빨리 펼쳐도 후회는 늦다

중고서점

알라딘에서 브레히트 시집*과 눈맞았다
긴 책꽂이의 고분 같은 세상에서 나는
하릴없이 늙어가는 시답잖은 이야기 들려주고 싶은
그동안 누군가에게 단 한 번이라도
오롯이 최선 다해 본 적 있었던가

자박자박 지나가는 신발 끝이나 흘깃거리던
오랜 문장의 빛바랜 불안 읽는다
어느 대목에 결 고운 밑줄 그을 줄 아는 이

어쭙잖은 이름 석 자 걸어놓고
묵묵히 기다려 온 마지막 사랑을 만난 것처럼
새로운 인연 택할 수 있어 좋았다 그대여

눈동자 맑고 주머니 가벼운 바람이 인다

*『아침저녁으로 읽기 위하여』

코비드, 마음은 가깝게

비로봉 산길 오르다 보았다
막 돋아나는 산벚나무 꽃가지
미친 비바람에 꺾이어
피눈물 흘리며 끙끙 앓는

용하다는 선무당조차
꽃 한 떨기 지켜내지 못할 때
인간이 나대지 않으니 금방 되살아나는
기다리던 봄날은
오고 가는지 가고 오는지

밥상머리 앉을 때마다
지구촌이 병실인 세상에서
누군가 안부를 묻는다

프롤로그

손끝에 닿는 깃털 구름과 지나가는 바람, 서늘 공기 한 움큼씩 보탰다 바가지 가득 물 떠 골고루 뿌렸더니 겨울 허공에 불려나온 물소리가 쪼르륵 귓속으로 스며든다 사방 적막에 물꼬 터는 소리, 한여름 마른 논에 물이 가득 차자 몰려든 개구리 울음에 맹꽁이 말씀까지 방 안으로 뛰어든다 어깨동무 돋움발로 키재기하며 몸을 여는 새싹

겉잠의 무료를 깨운다
또록또록 떨어지는 물방울 거슬러
달래장 듬뿍 넣고 비빈 콩나물밥이
볼이 미어터지게 입 안으로 들어간다
콩나물국 콩나물무침
볼찜 아귀찜으로
종종 내 것을 덜어주기도 하는
도랑물 가늘어지는 소리 쉼 없다

사랑니

밤톨머리 시절 단체로 관람한
아라비아의 로렌스

마도로스가 되고 싶었습니다 나침반도 없이 막연히 배를 타고 인도양 건너 사하라 사막으로 뜨겠다고. 꼬리 아홉 달린 사막여우 만나 오아시스에서 신기루 같은 이름 쓰다가 지우다가 그가 속울음 울 때 곁에 있어 주기만 해도 지운 이름 자리에 남을

땅거미 너머 칠흑 밤
박꽃 지붕 위로 함께 보았던 북극성
잘 지내십니까 저는 잘 있습니다

어린왕자를 위하여

*

 갈기 휘날리는 백마 등에 올라 끼랴! 끼랴! 말달리며 칼싸움 무술 연마한다 뛰어난 기수도 해낼 수 없는 솜씨다 제 키보다 긴 삽자루 들고 무궁화 심은 꽃나무 주위로 각시멧노랑나비처럼 날렵하게 난다 원숭이 엉덩이는 빨개 빨간 것은 사과 사과는 맛있다 맛있는 것은 바나나 바나나는 길다 긴 것은 기차 기차는 빠르다 빠른 것은 비행기 비행기는 높다 높은 것은 백두산, 백두산 뻗어내려 반도 삼천리…

**

 어린이 날 낙타 인형을 놀이터 모래판에 꼬나박아 놓더니 느닷없이 날카로운 뿔 얄망궂게 흔들어대는 꼬리 짧은 숫양 한 마리 기르고 싶다며 플라스틱 그릇에 바오밥 대신 애기똥풀 잎사귀 뜯어 먹인다 천방지방 똥꾸빵꾸 개다리춤 흉내내며 까르르 까르르 웃는다 물조리개로 화분에 물 주다 선인장 가시에 찔려 가시는 아야해, 그냥 바라보기만 하는 거야! 엘리베이터 타고 내려왔다

는 지구, 그는 착륙하고 싶었을 뿐 아직 이륙하는 법을 알지 못한다

***

세상에는 하고 싶은 걸 다 할 수 없고 가지고 싶은 걸 다 가질 수 없고 정말 중요한 것은 눈에 보이지 않는다고, 있잖아 근데, 어차피 앞으로 천문학상이 생긴다면 우리나라에 짭쪼롬하게 한 번 받아주도록 하는 거지 뭐, 그까이꺼 꽃나무 한 그루 심는다

배심원들

말끔하게 정돈된 푸른 정원에
컨베이어벨트가 저절로 웅얼거리며 굴러갈 때
개가 멍멍대는 것은 무서워서 짖는 것이다

진술 내용이 구체적이면 진실에 가깝다
법은 처벌하지 않기 위해 존재하고
의심스러울 땐
누군가에겐 평생 기억에 남을
피고인의 이익으로,

황금네거리 신호대기 중 꽁무니를 추돌하고 뺑소니쳤던
그랜저 하이브리드 음주 운전자는
어떤 처벌을 받았을까
국민참여재판 배심원 후보로
등록번호 8번 받고 추첨에서 탈락한 나는
여비 6만 원이 들어올 입금 용지에 새마을금고 계좌를 적어넣고

별관 11호 법정을 빠져나오며
고로쇠나무 넓적한 오지랖에
오늘 무언가를 해야 내일을 기다릴 수 있는
쉬이 닿지 못할 휑한 마음
슬쩍 새겨 놓는다

프랜차이즈 & 즉석복권

오늘은 천천히 달리고 싶었지
그거 어렵지 않아,라고 말하는 순간
지나온 길 이미 들추어진 쓸개즙 아니었더냐고
방금 이륙한 여객기 호호 언 손가락 녹이며
매끄러운 면상에 훅 입김이 끼쳐오는데
꽝, 꽝, 꽝,

차탁 밑에 웅크린 복희씨 이리저리 눈알만 굴릴 뿐 좀처럼 친구가 되어주지 않는다 내가 거짓하고 있다는 걸 일찌감치 눈치챈 걸까 긁어도 긁어도 가시지 않는 가려움, 저 혼자 바람 건너는 소리 날개 찢긴 화장실 환풍기 아래 조각으로 밟힌다

속속들이 녹아내린 뚜레쥬르 초코소라빵
햇살 등진 뒷모습으로 행운 불러올 것이라는
서리바람에 볼품없는 휴지로 폐기되는

스틸 라이프

  지하철역 입구 미래약국 앞을 걷고 있었다 말끔한 차림의 젊은이가 아래위 훑어본다 대략난감 눈빛으로 죄송합니다만, 못 들은 척 눈길 한번 주지 않는다

  어디쯤에서 지갑 빠트렸나
  차비가 없어 외투를 전당포에 맡기려다
  받아주지 않아 좌절했던,
  손목시계 풀어 외상값 두어 달 미루었던
  담벼락 타고 오르던 담쟁이가 툭툭
  어깨 치며 싱긋 웃기도 하는

  젊은이는 어디에도 보이지 않는다

다시 하는 산수 공부

식구들이 힘 합쳐 초가지붕 이었다
삭은 짚가리 걷어내고 새로 엮은 이엉으로 덮었다
더하기 전에 빼내야 한다는 걸 잘 몰랐던
나이 일흔에 복습한다

옷장에서 옷가지 걷어내고
밥그릇을 작은 것으로 바꾸며
한 몸 의탁할 공간을 줄인다

이제 글을 읽으면 눈이 침침해 활자도 버겁다
돋보기 걸치고 훑어보던
번다한 서가의 책들이
헌책방으로 가야 할 골동으로 남는다

거슬러 받아야 할 시간이 얼마 없다

나팔꽃

여섯 살배기 순우와 팔씨름한다
진 사람은 꿀밤맞기

끝 간 데 없는 하늘바라기로
몇 번이고 뒤꿈치 들어가며 기를 쓸 때
파르라니 비치는 실핏줄, 으샤으샤 손목에 힘 모은다
재잘거리며 깔깔대며
고 얇은 허벅지에 기운 돋운다

돋혀 오르는 햇살에
뿜빠뿜빠 더듬이 저어가는
팔월 닮은

소나기 지나간 뒤

동산 위로
쥘부채 영롱한 은유 펼쳐놓는다
손바닥 문지르니 지난밤 꿈이 빠져나간다
사람 사는 비의를 길게 말할 수 없어
번개 천둥만 남기고 모두 사라졌나
시작과 끝이 잡히지 않는다
무지개로 왔다가 무지개처럼 가버리는
더러운 물방울은 없다
비 한번 지날 때마다 확연히 뒤바뀌는 세상
재계약에 탈락한 사람 하나 무심히
햇빛 끄집어 내린다

고개 빳빳이 쳐들고
갠 하늘 치받고 있는
신비한 코러스

3
햄은 할 말이 많다

마트료시카

"누구세요?"
내 안에 또 다른 내가 있어
간절히 폼나게 살고 싶을 때가 있었다

대륙횡단열차 타고 하바롭스크로
하바롭스크에서 아시아나 에어라인으로
여기까지 건너올 적에는
훌쩍 바다에 뛰어내리고 싶었다

겨우 몇몇이 알아보는
한통속에 몇 번이나 속고 나서야
가가 가가 아닌
낯바닥이 낯바닥이 아닌

먼지

보이저 1호가
지구 사진을 보내왔다
추녀 끝 해그림자 드리운 새
낙원의 가룽빈가처럼 날갯짓도 없이
어둠 속으로 사라졌지만
영원히 잊히지 않는

부석사 무량수전
쑥부쟁이 몸 말리는 늦가을
천 년 물고기 풍경에 내려앉은
햇살 반 그림자 반 기억 속 사랑이
심장 두드리며 나직히 운 뗀다

스르르 감겨지던 눈꺼풀
그가 가벼운 게 아니라
내가 무거웠다는 걸

미나리꽝에 스며든 달빛

  해그림자 짧아지자 공산의 봄은 노루꼬리만큼씩 북쪽으로 기운다 테이블에 둘러앉아 겨울을 녹이는 사람들, 갓 푸른 연두의 시간 솎아 먹는다 소쿠리 가장자리에 자리한 나의 엷은 향이 그에게로 건너가고 건너온다 그렁그렁 속엣말들 젖어 있다 딴청 피워도 반드시 찾아내고야마는 짐짓 그를 바라보다 헛물만 켜는, 불쑥 숨죽인 하루 어루만지는 손이 촉촉하다 아아, 통통한 간지럼이 아삭아삭 터질 것 같다 소식이어서 그랬을까 한 움큼 남기고 떠난 달빛이 딸꾹질한다

햄은 할 말이 많다

클래식 스팸이 한발 앞서 나가자 냉장실에 홀로 남은 핑켈 소시지가 눈을 흘긴다 희미한 불빛이 톡톡 창문 두드렸지만 응답하지 않는다 틈을 두었다가 문고리 내려 창을 힘껏 열어제친다 창틈에서 삐그덕 소리가 난다

  찾을 때마다 그윽이 먼 너와
  하염없이 헤매는 나 사이
  말하지 않은 말처럼
  오늘의 말이 내일의 말과 같지 않을
  검불을 걷어내듯 치우고 치워도
  줄줄 새어나오는 말

팬스런 헛기침이 기침 소리 들리지 않는
쓸데없이 집 밖의 풍문에 귀 기울이지 않는
소시지, 네가 옳았다

  * HAM : 아마추어 무선통신

희망퇴직

　평화시장 닭똥집 골목에서 모래주머니를 들어낸 닭발이 뛰쳐나온다 마음껏 활개치고 싶었으나 날지 못한다 단 한 번도 닭장 벗어나 본 적 없는 불의 양식 통과한 살 오른 걸음을 잡아먹고 날선 초승달이 넘어가고 있다 왈칵 쏟아져 내릴 듯 퍼덕이던 대가리 위 뭇별들이 하나 둘씩 구름 속으로 사라진다 꼬들꼬들 때깔 고운 식감이 혀를 깨문다 매콤한 양념에 버무려진 불맛이 확 달아오른다 프라이팬의 뜨거움을 망연히 바라보던 오백 시시 맥주잔이 비틀거린다

　어둠을 뒤척이며
　횃대에 오른 사내의 몸에서
　겨울 냄새가 묻어난다

타월

바꿔 쓸 때마다 뽀송뽀송 생각나지

누군가의 세면장에
감꽃 무늬 슬픔 같은 내 낡은 이름으로
단감빛 얼굴 닦아주는
기억 한 장 걸렸을까

훌쩍 하루를 넘기도록
또르르 또르르 흐르는 땀방울 훔치다 보면
그간 함께했던 물기 어린 애정이
쉽게 잊힐 리 없을 거야

길고 하얬던 목덜미의 부드러움과 넓이 가늠하며
심심한 유년을 회화나무 아래서 수건돌리기 하던

내 일상으로 이사하여 참 고되게 견디었다
손끝 발끝에 마구 구겨지며 오늘을 건너는
그대에게 미안하다

손가락의 기억

　밥보다 고픈 잠이 있었다 구로공단 전깃줄 만드는 회사는 잔업을 얹어야 겨우 생계비 받았다 낮을 말아 먹은 행인 1 야근 때는 출근길에 해가 저물고 갈아타야 할 98번 버스는 도무지 오지를 않았다 한참을 기다려 올라탄 만원 버스, 신호등 급브레이크에 긴긴 손잡이 봉이 통째로 떨어져 나갔다 승객들과 우르르 엎어졌을 때 밑에 자빠진 화장기 없는 여공은 괜히 버럭 화를 냈다 공돌이 공순이 생활이란 잠깐 훑어보고 마는 석간신문 한 줄 기사의 마침표 같은 것. 어느 날 새벽 네 시, 사출기 롤러에 왼쪽 손이 빨려 들어가 가운뎃 손가락 끄트머리가 잘렸다 허벅지 살갗을 떼어다 이식하고 재활을 마치기까지 행인 2로 출연한 그해 겨울은 뿌연 구릿빛이었다

공중목욕탕

　한 해를 우물쭈물 보내고
　때밀이 침대에 엎어져 지난 후회하고 있을 때
　팔뚝 굵은 세신사 박씨가 다가왔다

　묵은 때 벗길 때는 느긋하게 엎어져 있어도 좋다며 이태리타월 둘둘 손에 감고 등과 겨드랑이 쭉쭉 민다 탁, 신호 한번에 똑바로 돌아누우면 뱃살과 옆구리 시원하다 스멀스멀 쓸려나오는 올챙이 꼬리 살갗이 벗겨질 것 같아 오싹 몸 사렸지만 이미 늦었다 사는 게 뭔지도 모르고 우르르 몰려다니다가 변방으로 밀려난 지금부터는 비만한 복부 근육으로 세상을 버텨야 하리

　체중계에 올라
　내 고단했던 몸뚱이
　근황을 묻는다

보슬비

맞보증을 섰던 그가 며칠만 더 기다려 주면 모든 걸 해결해 주겠다던, 입 안의 도끼가 가슴 언저리를 찍었습니다 한 귀로 듣고 한 귀로 흘려버렸을 녹슨 톱니바퀴 구르는 소리에 손나팔 해주지 못한 귓등을 타고 하늘에서 살구꽃 잎 하나 떨어집니다 두 손으로 공손히 받듭니다 남은 시간을 대중할 수 없는 잎의 무게에 걸음이 휘청입니다 귓등을 잘 씻어야 얼굴에 빛이 난다는 쪽박 차기 전에 묵언과 살림 차릴 일입니다

보슬보슬
소리에 귀가 있다는 것을
천둥벌거숭이로 한 마디 남기고
세필 빗방울 쓸고 갑니다

그림자의 빛

창틀에 암자처럼 올려놓은 잉크병
잉크병에 꽂힌 펜대 그림자가 방바닥으로 굴러
엉금엉금 기어갑니다

1분 2분 3분…
비름빡에 붙여놓은 단물 빠진 껌처럼
이미 닳아서 더 기다릴 게 없는
모든 없는 것들은 뒤집어 말합니다

빛이 뾰족해질수록 짙어지는
그림자에
한쪽 손을 얹습니다
손바닥을 포갭니다
역광으로 비치는 단어 하나가
두발걸음으로 뛰기 시작합니다
한 문장이 뒤따릅니다

뉘엿뉘엿 어스름 속으로 어딜 다니러 가는 걸까요

바람이라도 난 걸까요
읽기의 즐거움 쓰기의 괴로움이여
펜대 내려놓고 말씀 새겨 듣습니다

구르는 바퀴는 쉽게 멈추지 않는다

    한 자락 바람이 방향 없이 불어오는 것은 예삿일이 아니다 토끼장 같은 거처를 기어나와 지구를 한 바퀴 반은 돌아야 만날둥 말둥 한, 같이 강변길 라이딩 하자던 등나무 그늘에서 만난 이슬 닮은 여자, 팔월 뭉게구름 길 저으면 다가오고 다가오면 나아간다 내리막을 휘파람 날리며 쏜 화살같이 내달리다 차량 진입 방지턱에 걸려 한방에 나가떨어진 이루어질 수 없는 사랑, 이 별에선 이별만이 해답인가 정신 차려보니 개망초꽃 바싹 다가와 벌렁거리는 콧구멍 코털 건드리고 있다

    너무 억울하지만
    지상에서 달리기 멈춘 희망교 아래에는
    자전거 거치대 여럿있다

오리무중

　짙은 안개 속에서 길을 찾는다 레일을 베게 삼아 천지 모르고 잠에 빠진 취중의 나를 열차 들이닥치기 전 업어 구했던 불알친구 무연탄 광산 일천 미터 막장에서 발파 사고로 두 눈 잃고 한 발짝도 떼지 못한 채 안마사로 일하는, 삼십 년 만에 연락 닿아 만났더니 대뜸 엎드리라 한다 굳은살 박였던 손바닥이 그새 얼마나 부드러워졌는지 시원타, 어 시원타. 여기저기 국화꽃 활짝 핀 가을이라 창공은 더없이 높아 진청일 것이니 늦기 전에 원족 많이 다니시라고, 콩꼬투리처럼 도드라졌던 젊은 날 목소리가 가랑가랑 혼자 말하고 혼자 듣는 은일자의 얼굴 마주한다

4
구랑리 사설

앵두
—구랑리 사설 1

똬리 끈 입에 물고 물동이 이고 가며
연신 흘러내리는 물방울 훔쳐
성호를 긋던

잘 익은 오뉴월 땡볕
한 움큼씩 담장 너머로 건네주던

아랫입술 도톰했던

살짝곰보
옥이 이모

타임머신
―구랑리 사설 2

시골집 툇마루에 누워 천정 올려다본다
색바랜 서까래 밑 단단하게 지어놓은
빈 제비 둥지 아래 벽걸이 궤종시계
불알 멈춘 시곗바늘이 낮잠을 참아가며
가리키는 오후 세 시

잊히지도 늙지도 않는 그해 겨울 숫눈 좋아하던 옆집 숙이. 이름 써놓으면 지워지고 다시 쓰면 지워지곤 하던 부끄러운 입김만 남은 마당 가 다섯 귀 홑꽃잎으로 물들이는 오얏나무 꽃밭에는 꿈에 본 지난 일들에 끌려 피는 꽃으로 다시 왔는가

얇은 비단으로 멋 부린 자주제비가
어디 갔다 이제 오노?

앞뒷집 달구새끼들 이끼 덮인 담장 너머로
어여와 어여와 홰울음 친다

회룡포 공무도하
―구랑리 사설 3

한사코 닿고 싶은 오래된 소망
억 만겁 은하 속으로 유성처럼 흘러들어
잘록한 허리춤으로 풍덩 빠진다

―님아, 그 강을 건너지 마오

가늘게 들썩이는 어깨 너머로
젖은 물방울 시내를 이루어 굴절의 시간 쟁일 때
님 떠나보낸 아쉬움에 헤매도는 뿅뿅다리

젖몸살 앓듯 탱탱하게 불어난
금빛 모래가 낮게 울고 있다

흐르는 강물은 눈물에 젖지 않고
잡힐 듯 잡히지 않는
짙은 안개 피워 올린다

큰형수
―구랑리 사설 4

　노상동 마을 중턱에서 열서너 살, 일용할 양식을 이고 지고 옮기다 지게작대기 받쳐둔 채 흑응산에서 들려오는 꾀꼬리 노랫소릴 나란히 앉아 들었습니다

　눈발 흩날리는 날이면 밤낮없이 연탄불 살피시며 한결같은 표정으로 솜이불처럼 감싸주고 마른국수를 섞어 끓인 라면을 양푼으로 내어주시던

　되련님에서 아주뱀이 되었을 땐 여름내 허리 굽은 내성천에 늘어선 미루나무의 기다림과 시래기 한 두름과 참기름까지 챙겨 막내동세 갖다주라고

　가을 깊은 귀뚜라미의 날갯짓으로 어쩌다 한 번 안부 찾으면 귀 어두운 한낮에 텔레비전 혼자 떠들고 있습니다

귀때동이
──구랑리 사설 5

서둘러 흙담 밑에 잡초 뽑은 뒤
사랑에 들어 누이의 젖가슴 만한
동그스럼한 다기에
반쯤 우려낸 차 빛깔
실바람처럼 보드라운 첫사랑을
고백하면 좋겠는데

두덕살만 불어나는 불편이 익숙해지기까지
다탁 위 찻사발 물끄러미 바라보다가
목구멍 간질거릴 때마다 홀짝홀짝 마시는

무거웠던 시간을 덜어내고 졸여
은하수 별세계로 퍼지는
향을 음미하며
풀썩 들마루 잠이나 자야겠다

마성양조장
―구랑리 사설 6

  모내기 준비를 마친 초여름
  어깨동무한 뒷들 천수답
  질흙 가래질로 싸발라놓은 논둑 햇살 든 초가의 봉당 같아
  발자국 남기기 송구할 곳으로 막걸리 심부름 다니며
  우그러진 주전자 주둥이 날름날름 핥던,

  남의 논 팔백 평 칠 남매 키울 때는 정말이지 죽는 줄 알았다고, 다랑논 경지정리 되면서 농사 접고 도가에서 술 빚던 어느 날 술단지에 처박혔다 지게미에 취한 몽롱한 발바닥으로 짐 자전거에 말들이 술통 주렁주렁 매달고 벌방걸, 연작살, 소야교로 한 바퀴 돌며 푼수 주모 아지매 살짝 눈 흘기게 만드는 걸쭉한 농담도 잘도 하더니 버둥거리며 곤두선 양다리 장화 한 짝 벗겨진 줄도 모르고 산 너머 구랑리로 마지막 술 배달 간 뒤 돌아오지 않는 목고개 살던 영출이 아재, 다시 찾아오면 음복술 마실 수 있을까

고주박이
―구랑리 사설 7

　무논에서 썰매 타다 화톳불 피워 추위 날리려 할 때 논두둑 버팀목으로 가까스로 제 몫하던 삭은 그루터기 발끝으로 툭툭 찼더니 화급히 튀어올라 콧등 때렸다 흥청거릴 게 아직 있을 것 같아 한창 재미날 게 조금이라도 남았을 것 같아 신나게 얼음판을 지치다 물에 빠진, 젖은 나이롱 양말 말리며 멈추지 않는 코피 마른 쑥 뜯어 틀어막았다 잉걸불 주위에 둘러서서 언 발 곱은 손 녹였다

　눈에 젖고 비바람에 숭숭 구멍 뚫려 못대가리도 박을 수 없는 이승과 저승의 경계, 눈이 침침해져 또렷이 보이질 않는, 찬바람 코막힘에 냄새조차 구별치 못하는, 귀 어두워 화낼 일 없어진, 이가 빠져 먹는 게 부실한, 넓적다리 힘 풀려 나들이할 일 없어진, 골다공증 앓는 뼈대가 버틴 게 아니라 삶으로 뼈를 지탱하던 어머니, 봇도랑에 들락거리던 굴뚝새 훨훨 가벼이 날아올랐을까

골뱅이 속살 빼먹 듯
―구랑리 사설 8

가은천 냇가 돌에 들러붙었다 잡힌
골뱅이, 쫄깃한 속살 어적어적 씹으며
입가에 묻은 주전부리 흔적 떼낼 때
너는 알고 있었니
태어날 때부터 슬픔이 많았다고.

 굽이굽이 흘러온 산여울, 뿔고둥 기상나팔 소리에 아침이 열리면 실핏줄 사이로 냇물이 흐르고 움푹 파인 목주름에 양치도 하지 않은 빨판, 가만히 있고 싶어도 목숨이 물거품이라 겨우 제 몸 하나 건사할 움막의 품이 택도 없이 좁다고 수시로 불평하다 마룻대도 없는 세간살이 뵈기 싫어 진작 가출을 작정했을 때, 한 번도 묵은 시간으로 머물 수 없었고 젊음으로 오는 늙음이 있는 줄 몰랐다

 물살의 세기 가늠하며 바닥 훑으면 군소리 한번 없이 버드나무숲으로 슬금슬금 기어나오던 우리네 만만한 토종에게, 정구지 송송 말간 국물에 식은 밥 한 덩이 말아

주지 못했는데 뒤꿈치 바짝 치켜들고 쪽쪽 오장육부 몽땅 뽑아 바치는, 내 진작 꼴값할 줄 알았다 단물 쓴물 다 빼주고 속 빈 놈의 속은 얼마나 편할까 평생 걸식이나 하며 이놈 저놈에게 대주기 좋아한 업보로 또다시 골뱅이로 태어난다면 육보시한 한살이는 사바의 빤스를 홀랑 살냇물에 벗어 던진 땡초의 족속이 틀림없을 것이렸다

선유구곡
―구랑리 사설 9

뭉게구름으로 떠돌다
대야산 봉우리 이르러 몸을 날렸네요
산도화 지그시 연분홍 옷고름 입에 문
옥석 난생 영귀에게 바짓가랑이 걷어붙인 버들치
파르스름 실핏줄 선명한 엄지발가락 사이
꼬리지느러미 살랑대는 부끄러움에 얼굴 붉히네요

탁청 관람 세심이 불어난 살여울에
멧비둘기 울음 맺히는 소리
미끄러지듯 데구루루 구르면
적막강산 떠들썩하네요
드렁칡 그넷줄에 매달린 햇빛이
기웃대며 지나가는 물결 잡아
피는 꽃으로 와 지는 잎으로 떠가는 조각배
활청 영사 옥하 수정 같은 폭포수 바닥으로
파하파하 밀어넣네요

매화꽃 홀로 피었네
―구랑리 사설 10

  청매실농원 구내식당에서 잔치국수에 더해 나온 감자전 깨적거리는데 불쑥 소주잔이 들어온다 꽃망울에 떨어지는 보슬비, 이슬같은 욕지거리인 줄 알았다 처음 만나는 중학 동창 모임이다 그랬다 자주감자 두어 두락하는 집 그는 비탈이었고 양조장집 아들이었던 친구는 지게미, 손바닥만한 밭떼기 일구던 우리 집 나는 곰배였다 겹산중 촌놈인 것이 발등 부르트도록 아렸다 살던 집 앞 뜰에 심어놓은 매화는 이제 저 혼자 피겠지만 망울도 피우지 못한 채 잘린 꽃가지 우우 울어쌓던 손닿기 부끄러운 뒤꿈치 이야기들 두 눈 치뜨고 돌아난다

부지깽이
―구랑리 사설 11

1
족제비가 닭장에 드나드는 구멍이 있는지 어떤지 살피다가 밤송이로 막아놓은 작은 구멍으로 숨어드는 쥐새끼를 발견하고 잽싸게 꼬리를 잡아챘더니 휙, 돌아서

엄지손가락을 물었다
천석꾼!

추수 끝낸 집 앞
무논으로 달아나는 놈 잡겠다며
고무신 벗겨지는 줄 모르고
부리나케 따라가 잡았다
군불에 구운 잿가루 상처에 발랐다
정수리 위로 참수리 날고 있었다

2
큰들 가로지르는 국도 3호선 가장자리 흙 속에 파묻힌 육이오 때 부려놓은 폭탄 더미에서 삐죽 삐져나온 여

럿 중 하나 엿 바꿔 먹으려고 낑낑거리며 주워 왔다 기함한 어머니에게 종아리 맞을 때 오래 가만히 서 있을 수 없었다

   3
   풀썩, 무릎 꿇고
   두 손 들어 벌 받는 동안
   불발탄 든 다래끼 메고
   제자리 돌려놓으러 갈 때
   걸음마다 오금 저렸다고 하던
   어디에나 계시는 어머니
   가마솥 앞에 불 지피고 있었다

삼강주막
―구랑리 사설 12

사공, 사공, 빈 배 좀 보내 주시오!

옛 나루터 풀섶에 풀벌레들 풀썩풀썩 날아다닌다
일찌감치 대포 한잔 걸친 나그네

들판 잇는 외길, 산천경개에 정신 팔려 물속에 첨벙 빠졌다가 쫄딱 젖은 바지저고리 채로 호젓한 객사 어디든 들고 싶을 때 늙은 회화나무 그늘에 멍석 깔고 개다리소반 한상 받은 손, 쓰러져가는 초가 처마가 이슬을 가려주기도 한다

마당 건너 텃밭에서 키운 채소가
정지간 뒤집힌 솥뚜껑에 배추전으로 펼쳐진
낙동강 칠백 리,
서늘한 저녁 바람이 빗금친 외상 장부 훑고 지나간다

여직 갚지 못한 술값이 남았는데
오가던 뱃길에 맺은 옥련이와 하룻밤 사랑

옛날이 자꾸 되새김질하는
세월의 토담벽에 등 대고
잠시 쉬었다 가도 좋을

강물 위에는
허연 낮달 귓바퀴 베어
물고 있는 것을

수석, 귀 먹고 눈 먼
─구랑리 사설 13

구랑리에서 모셔 온 돌 오래 들여다본다
암자 찾아 헤매다 계곡에서 길을 잃었다
몸 숨긴 뻐꾸기 희롱에
뻐꾹, 속삭이듯 말 걸어보지만
뚝!

물소리에 스며든 울음 건지겠다고 통발 들고
기슭 감나무 아래서 친구들과 땡감먹기 내기하다
기도가 막혀 먼저 가 버린 종철이
건너던 물가로 내려선다

발 한번 담궈 보려므나
개울 따라 떠내려가는 꽃잎처럼
물방울 튈 때마다 번지는 메아리

뻐꾹 뻐뻐꾹

옹이
―구랑리 사설 14

  벌초길에 맞닥뜨린 졸참나무가 막 잠에서 깨어나는 이른 시각, 눈곱 떼어내며 먹이사냥 나선 너구리 한 마리 발목 올무에 걸려든다 발버둥 치면 칠수록 발목을 조인다 몸부림 흔적 따라 동그랗게 흙먼지로 다져지는 바닥, 숨쉴 때마다 통증으로 잎바늘이 심장을 찌른다
  치뜬 눈동자에 파란 하늘이 담겼다 무슨 말하려고 서너 번 입술 달싹였지만 번번이 삼킨다 내민 손 부여잡고 조곤조곤 산비탈 근황을 물어보며 물 한잔 권하는데, 먹는둥 마는둥 도토리묵이나 갓 삶은 메추리알이라든가 아득히 귀에 닿는 숲속 바람 몇 소절이라든가 조금 전 다림질한 출근길 셔츠의 감촉을 떠올리며 두고 온 가족들 웃음소리 들리는 듯했다

  바닥을 드러낸 마른 계곡 건너
  돌배나무 아래 애장터 누이의 돌무더기
  깊게 팬 흉터로 고요하다

슴베
―구랑리 사설 15

며칠 고향에 내려와 지낸다
할 일 있는 것도 아니고 들내음 산내음
수확기가 달포나 남은 감자밭 비탈에 코를 박는다

뒤엉킨 잡초를 듬성듬성 뽑아내는데 호밋자루 뚝 부러진다
너무 일찍 모가지를 놓은 걸까, 한몫 잡을 꿈을
이를테면 이슬방울이 새벽을 깨우듯
영혼을 가볍게 한다든가

대학병원 중앙수술실
경추 추간판탈출증, 뒤틀린 목을 후벼파고
골반에서 떼온 뼛조각으로 바꿔 끼운다
내가 나를 만날 수 없는 시간
축 늘어진 손바닥에 노랑턱멧새 날아와 앉는다
살며시 쥐려는 순간 포르릉 날아갈 것 같아
지그시 입술만 깨문다

밭일 다 끝내지도 못하고 해거름 맞겠다

노루귀
―구랑리 사설 16

  찬바람 돌풍이 딸가닥딸가닥 발굽 소리 남기며 구만리 밖으로 멀어질 때 언덕 너머 햇빛 차오를 봄을 기다렸다 추위가 힘들어서 아니라 움트는 새싹이 신기해서 얼었다 녹은 폭신하게 부푼 오솔길 따라 청솔가지 우거진 숲에 들어 다듬잇방망이 장단 맞춰 줄 뻐꾸기 울음 기다리던

  어머니 처음 안아드렸을 때
  아픈 무게에 소스라치게 놀랐다
  깃털같은 가벼움을 얻기까지
  한량없이 무거웠던 세월, 고즈넉이
  관솔불 밝혀놓고
  하마나하마나 대문 밖 쫑긋하며
  눈 감는 순간에도

  막내야, 막내야
  어디 있니

처녀치마
―구랑리 사설 17

백화산 기슭이 들숨날숨 토해내며
꽁꽁 얼었던 응달 녹여 돋아난 연보라 꽃잎 쓰다듬을 때
매끄러운 살결 뽐내는 헤픈

바람난 년이라 불러도 누가 뭐라지 않을
살랑살랑 적막강산 흔들어대는 산들바람
스리슬쩍 단속곳 접어 올리면
새터고개 밑 파란 양철지붕집
반벙어리 총각 달봉이가
거시길 디밀며 엎어지는
봄날

디딜방앗간
탱자나무 바자울 뒤
속마음 펼쳤다 여몄다
줄 듯 말 듯 하는 봄빛

꽁초
―구랑리 사설 18

검지와 중지 사이에서
툭 튕겨나와 두 동강 나기까지
뻐끔뻐끔 속이 다 타들어 갔던 천당과 지옥 중간 어디쯤
빗방울 떨어집니다
후드득 들으며 촉촉이 젖으며
하얬던 필터가 누렇게 물든 채
당신 발자국에 괸 빗물에
철퍼덕 엎어졌습니다
콜록콜록 터져 나오는 잔기침
왼쪽 안주머니에 넣고 다니던 모일 모시 기억합니다만
나는 그냥 속엣말로 안녕! 하고
작별 인사를 합니다

문상가는 꼭두새벽
잿빛 속울음이 길바닥에 나뒹굽니다

섣달그믐
—구랑리 사설 19

꽃신발 꿰신고 서둘러 떠난 영자 씨

뒷굽 다 닳도록 멀쩡히 거닐다가
돌림병 코로나에 전염된지 달포
미처 상여 준비도 못 했는데 까닭도 없이

유리벽 너머
엄마 잃은 딸의 흐느낌 자지러진다

가보고 싶은 곳 다 돌아보지 못한 걸음이여

5
회연서원 불두화

아파트 옆 우체통

아파트 입구 터 잡고 무던히 당신 생각합니다

실바람 하얗게 흩날리던 날
막 돌아서던 풋사랑 심장이 터질 것 같던
꽃잎 사연 연애편지 다시 찾아올까요
오랜 기다림 동안 끝없이 펼쳤던
내가 당신에게 띄운 마지막 답장처럼
당신이 나를 묶어둔 게 아닐까요

아파트 옆 붉은 우체통
몇날 며칠 연고도 없이 붙박인
차마 만질 수 없는 얼굴처럼

여태 도착하지 않는 당신 소식 기다립니다

오디

투썸플레이스 주차장 모서리
찻집이 생기기 전부터 자리했을 뽕나무
오디를 따먹는다

뽕도 따고 임도 보고 나뭇가지 흔들린다
한 시절 누군가의 그리움이었을
사각사각 소낙비로 떨어지는 오디, 오디들
입술이 진보라로 물들 때

뽕나무 아래
사흘밤 자도 그리움은 남느니
빈젖 빨던 입 안으로 환히 퍼지는
백리향

동촌 구름다리

  그 남자와 여자 사이, 버팀줄이 들이치는 한 무리 바람에 기우뚱 흔들리면 쿵쿵 발열하는 심장 크게 데인 듯 어머낫, 찰싹 매달리며 팔짱 낄 때 발밑에 밟히는 송판때기엔 아릿한 놀람이 드나든 바람구멍 숭숭하다 대책 없이 징징대며 보채며 싱숭생숭 출렁이는 빈틈으로 아리송하던 서로의 손을 내어주면 이따금 다리 아래 오리배들 힐끔힐끔 쳐다보는 저 표정, 불어라 열풍아! 황급히 핸드백에서 선글라스 꺼내 콧등에 걸치고 부끄러운 밀보릿빛 양산으로 아랫도리 가리며 편도 이백 원의 통행료 내고 건너던 늦봄과 초여름 사이, 흰 강물과 푸른 하늘 가로지르는 저문 저녁 꽃잎처럼 지는 노을 바라보며 사진 속 그 여자 웃고 있다

징검다리

어둑 저녁 신천 냇가
잉어떼 거슬려 오르는 여울에
닳아 없어진 줄 알았던
카시오페이아 안드로메다 헤라클레스 처녀자리의 스
피카
마뜩하게 자리잡고 발목 적시다가
어깨 툭, 치고 지나간다

발 동동 구르며 마음 기댈 때
핸드폰 속 그녀 목소리가
곁을 주느라 매끄럽게 닳은 모서리
두서너 댓 발자국 아래로
철버덩 은하수 떨어진다

오늘 밤도 영희와 철수가 만나
어깨동무 뜬눈으로 보내야 하는
유별난 사이로
여릿여릿 흘러가는 것이다

볕뉘

안면도 바닷가 모래톱
드문드문 맨 발자국 따라
태풍 하기비스가 부려놓은
빈 조개껍질들
비움을 얻기까지 무거웠던 시간은
모두 어디로 떠내려 갔을까
촉촉이 감겨오는 소금물에
어느덧 몸을 여는 새조개 옆으로
가벼움의 아픈 무게 감당하며
뾰족하게 발끝 세우는 뿔고둥
아득한 곳으로부터 공중 가르며 날아오는
한로 바람에 쭉— 한 획의 해안선
너무 팽팽하면 쉽게 끊어지고 말 것이므로
물너울 헤집고 드리운
부신 윤슬과 솔 그늘 사이
느릿느릿 백사장을 걷는다

동서시장

1
저잣거리 어슬렁거리던 발걸음
환한 미소로 반기는 반액 할인 내고장마트 현수막에
과하게 긁힌 카드 영수증을 들고
청도추어탕, 제천다슬기, 종로족발 지나
삼겹 순대 안주 삼아
왁자지껄 월촌국밥집 아지매
언젠가 두근거리는 심장 움켜쥐고 집적거렸던
깨순이 닮은 여자 앞에서
그녀의 지난한 표정 가늠하며
길게 한 굽이 돌아든 좁은 골목 끝
사주 관상집 하나 차려도 좋겠다

2
무료함이 늘어지는 한낮 더위
야자수 무늬 바다 색깔 잠옷이 걸려있는
새로 문 연 양품점 앞으로
시원하게 찬물 한 조루 흩뿌려 준 뒤

허리춤에 돈주머니 차고
손바닥으로 입 가려 크게 하품한 뒤
봉지 커피로 졸음 달랜 후
목 둘레 늘어진 티셔츠 안으로 비치는
쪼그라든 젖가슴 흠칫 추스르고
생마늘 까고 쪽파 다듬는 가무잡잡하고 땅딸막한
평광댁 난전

3
볕이 들면 참 좋을
정물화 액자 같은 반지하 단칸방에서 기어 나와
세상 파도에 여러 번 속아본 이력으로
흥정에 요령이 생긴다

어떤 소리

장식장 위에 F 알토 데스칸트 호른만한
소라껍데기 놓여 있다

검푸른 파도 이랑에 바닷가로 떠밀려 온 뒤
안 자던 낮잠 다 잔다
어떻게든 꿈에서라도
즉흥적으로 연주해 보고 싶어
바야흐로 구불구불 달팽이관 타고 흘러나오는
모차르트 호른 협주곡 미완성 론도
설핏 풋잠 든 고막 간지럽히면
지그시 두 눈 감고 음미한다

다시 돌아갈 수 있는 고향 택하지는 못했으나
기꺼이 묻힐 곳 택한 이곳에서
귓바퀴 파고드는
바다의 여린 속삭임

흔들림 뒤에는 무엇이 남을까

굴뚝새 나뭇가지에 앉는다
어디선가 부르는 소리에
움찔움찔 뒤꿈치 세워가며
사무침으로 데려다준 흙 묻은 발가락으로
움켜쥔 채 날갯짓도 없이
흔들리는 것은 바라보지 않아도
저절로 흔들린다

삐딱하게 기울어진 굳은 어깨로
말라비틀어진 도꼬마리 까칠한 털
집적대며 제집 드나들듯
목울대 울컥 할 때

포르릉 세상 빠져나갈 것이다

회연서원 불두화

실바람 한 움큼에 꽃잎이 훌러덩 뒤집힌다

더위를 부채질하는 서생 향한 연정
오늘 같은 날은
묵향 깃든 무명 저고리 풀어 헤쳐도 용서되는
문지방에 턱 괴고 너를 읽는데
펼쳐놓은 시문이 들어오지 않는다

붓 던지고 북채 든다 뜬금없이 연회를 허락한 견도루 팔작지붕은 차마 못 들은 척 귀 감싸고 솔밭머리 늙은 훈장 봉비암은 일찌감치 낮술에 눈이 멀어 본체만체 살랑살랑 살랑거리는 춤사위에 도톰하게 살 오른 꽃잎들 뒤따라 흥겨웁다

시절 부푼 가슴은 바람만이 아는 일
주련 뒤로하고 우두커니 대가천 바라보다
붉은 잎술에 입술 겹친다

염불암

어둠 뚫고 공산 기슭으로 내려온 닻별
깜박깜박 고요가 쟁쟁거린다
쟁쟁거리며 들리지 않는다

천방지축 겨울 산행
폭설에 길 잃고 헤매다 찾아든 법당에서
부처와 수작했던
불경이 우세스럽다

빛이 어둠을 튕겨내는
목탁 소리
또랑또랑 당겨서 반짝인다

눈물은 쉬 마르지 않는다

꽃가루가 해를 잡아먹은 봄날
밤비 몰래 내렸다

그렁한 눈물방울 꽃잎에 칭얼댄다

아카시아 숲길 걷고 와 돌아보니
울음의 발원지는 손길 미치지 않는
허공 깊숙한 곳

가시 숨겨 둔 꽃잎이
유효기간 지나 휘청거리며 쏟아내는
꿀벌의 날갯짓

기쁠 때 터트리는
쉬 마르지 않는 눈물

템플스테이

 풀잎에 깃든 반딧불이와 나뭇가지에서 하룻밤 지새운 노랑턱멧새들 신새벽부터 짝을 찾는 파르르한 떨림에 잠을 깼다 지금이 꿈인지 생시인지 연옥의 허리 아래 어디쯤 비릿한 육젓 내음 간절한데 천지 진동하는 범종 소리는 절을 떠나 맞은편 산봉우리를 무너뜨린다 재약산 밤새 갈증에 허덕이던 목어, 그리메 운판, 법고가 일제히 재 넘어 경계를 부수는 스님 사자후

 ─이런 빌어먹을 놈아,
  정신 똑바로 차리거래이 악!

|시인의 산문|

일상 너머 사유 속으로

*

내가 시에 입문한 것은 퇴직 뒤의 일이다. 인생 2막을 어떻게 살아가야 할까 고민했다. 국내외 명작을 탐독하였다고 해서 창작의 길이 쉽게 열리는 것은 아니었다. 공공도서관의 시창작교실에 등록했다. 한 편, 두 편 습작한 작품을 합평과 첨삭 끝에 《사람의 문학》 신인추천으로 작품활동을 시작하였다. 그럭저럭 시의 길로 접어든지도 10년, 두 번째 시집을 펴낸다.

*

가끔 들춰보는 책이 있다. 니코스 카잔차키스의 「그리스인 조르바」. 자유라는 것은 새들의 울음소리, 가령 기러기라든가 산비둘기 울음 같이 가고 싶은 곳으로 날아가고 지저귀고 싶을 때 지저귀는 것이다. '내가 돈을 댈 테니 크레타섬에 가서 갈탄을 캐자'는 사업 제안을 받고 '내 마음이 내켜야 간다'며 조르바는 뱃심을 튕긴다. 튕

길 수 있는 뱃심의 자유가 부럽다. 가고 싶은 곳으로 날아가고 지저귀고 싶을 때 지저귀는, 내가 기러기나 산비둘기가 되고 싶은 이유이다.

*

둑길을 걷는다. 원하지 않아도 만나게 되는 세월 속을 천천히 걷는다. 양편으로 늘어선 벚나무 아래로 해가 떨어지면 선선한 바람이 불어와 한낮 불볕더위에 지친 나를 위로한다. 산책할 때마다 꼽고 다니는 이어폰을 귀에서 뺀다. 음악의 감성이 빠지니 내면에 자리잡고 있는 기억을 더듬게 된다.

주위의 풍광은 스스로를 과시하지 않으면서 은밀히 뽐낸다. 시간을 따라 건네는 위로의 말씀을 살피게 된다. 누구와도 나눌 수 없는 생의 고독을 이겨내기 위해 또 다른 타자인 자신의 의식 속으로 사려 깊게 스며드는 상념이 있다. 속세의 욕망이 한 순간 흔적도 없이 사라지는 것을 경험한다. 일상의 시간을 견디며 「금호강 봄편지」, 「안심 습지」, 「시니피앙 굿모닝!」, 「자전거를 타고」, 「벚꽃 엔딩」 등의 시편을 얻었다.

*

말이 넘쳐나는 세상이다. 소셜 미디어는 정보의 홍수

를 쏟아낸다. 사람들은 끊임없이 자신의 생각을 표현한다. 말은 소통의 도구이자 사회생활의 윤활유 역할을 하지만, 정작 중요한 것은 듣는 것이 아닌 말하는 것에 집중되어 있다. 말의 홍수 속에 정작 상대방의 목소리를 듣지 못할 때 진정한 소통은 점점 멀어져 가고 있다.

「마트료시카」, 「햄은 할말이 없다」, 「손가락의 기억」, 「그림자의 빛」 등의 시편들은 결국 세상의 말에 귀를 열고 내면의 소리에 귀 기울이면서 무선 침묵이 든 소시지, '네가 옳은 이유'이다.

묵언은 단순히 아무 말도 하지 않는 것이 아니다. 그것은 내면의 소리에 집중하고, 진정한 자기 자신을 찾아가는 과정이다. 끊임없이 말을 쏟아내는 것 대신, 잠시 멈춰 서서 자신을 돌아보는 시간이다.

*

나는 아버지의 모습을 기억하지 못한다. 꿈에도 한 번 나타나지 않았다. 아버지는 장티푸스로 돌아가셨다고 한다. 오 형제의 막내로 태어난 내가 채 백일을 넘기자마자 닥친 일이었다. 기억에도 없는, 너무 어린 때여서 살아오면서 그 부재를 깨닫기 어려웠다. 원래 그러했던 것처럼 날마다 반복되는 일상인 줄 알았다.

〈쉰셋에 돌아가신/사진으로만 기억하는 아버지/엠병

헐,/거친 갈퀴손과 구덕살 부르튼 맨발바닥으로/첨벙첨벙 논바닥 헤집을 줄만 알았지/모시는커녕 그물 무명 한 번 걸쳐보지 못하고 무명으로 살다/고논의 못줄 같이 빳빳하게 풀 먹인/적삼 바람으로〉(「중의적삼」 중에서)

  사람살이는 밥이다. 기어이 살아내야 했던 아버지는 밥벌이를 찾아 결혼한지 일 년만인 1932년 일본으로 건너갔다. 교토에 짐을 풀었다. 고물상에서 일거리를 찾았다. 참혹한 대동아전쟁을 겪으면서 고통 속에 삶이 어려웠으리라. 귀국 뒤의 신산의 세월을 어찌 다 말로 할 수 있으리.

  아버지의 무덤은 부농골 언덕에 편안하게 누워있다. 눈을 아래로 내리깔면 조령천이 느리게 흐르고 눈을 들어 먼 하늘을 응시하면 산 하나 너머에 희양산 정상이 당당하게 솟아 있다.

  *

  나는 결핍과 열등감의 늪을 허우적거리며 살아왔다. 애정의 결핍, 배움의 결핍, 주머니의 결핍. 알고 보면 이러한 결핍은 우리 주위에서 알게 모르게 자주 경험하는 것들이다. 열등감이나 결핍 없는 사람은 없을 것이다. 배움이 적다고 부끄럽게 생각하지 않고 도서관으로 걸어 나와 함께 배우고 익히는 길을 택했다. 내면에 시 창작에 대한 허기 같은 게 무의식으로 내재해 있었던 것 같다. 문학뿐 아니라 아버지의 부재와 가난, 학연, 지연으로 뭉쳐진 옹골찬 열등감을 중심에 들어서야 비로소 벗어날 수 있었던 것은 살뜰한 어머니의 사랑과 헌신적 보살핌이 바탕에 깔려 있어서이다.

연작시 「구랑리 사설」은 어린날 문경 고향에 대한 아련한 추억과 피붙이들에 대한 그리움의 시편들이다. 큰형수, 옥이 이모, 귀때동이, 마성양조장, 고주박이, 부지깽이, 슴베, 꽁초, 삼강주막 등 낯익은 언어들은 그리움의 공간이다.

*

구랑리는 수석 산지이다. 햇살 쏟아지는 창가에 놓인 수석들을 바라본다. 각기 다른 형태와 색깔, 옹이진 표면은 오랜 세월 동안 자연이 빚어낸 예술품이다. 손으로 조심스럽게 들어 올려 햇빛에 비춰보면, 투명한 물방울이 맺히고 사라지기를 반복한다.

수석, 그 묵묵한 존재감은 나에게 많은 이야기를 들려준다. 매끄러운 곡선은 유유히 흐르는 강물 같고, 거친 표면은 세월의 풍파를 이겨낸 강인함을 보여준다. 때로는 웅크린 동물 같기도 하고, 신비로운 얼굴을 한 노인 같기도 하다. 수석을 감상하는 것은 마치 고요한 호수에

돌을 던져 물결이 퍼져 나가는 것을 보는 것과 같다. 작은 자극이 큰 감동으로 이어지고, 나의 상상력은 끝없이 확장된다.

〈구랑리에서 모셔 온 돌 오래 들여다본다/암자 찾아 헤매다 계곡에서 길을 잃었다/몸 숨긴 뻐꾸기 희롱에/ 뻐꾹, 속삭이듯 말 걸어보지만/뚝!〉(「수석, 귀 먹고 눈 먼」 중에서)

단순한 돌멩이인 수석, 그 안에 수많은 이야기가 담겨 있다. 인생이 그러하듯 겉으로 드러나는 모습만으로는 그 가치를 알 수 없다. 세상이 변하고 시간이 흘러도 언제나 그 자리에 있다. 수석, 그것은 단순한 돌멩이가 아니라 자연의 예술 작품이자 나의 스승이며 영원한 친구이다.

*

도회지 카페 앞마당에 뽕나무라니, '뽕도 따고 임도 보고'. 까맣게 익은 오디를 한입 물면, 달콤한 과즙이 입안 가득 퍼진다. 혀끝에 느껴지는 까칠한 씨앗들은 어린 시절의 기억을 떠올리게 한다. 푸른 뽕잎을 따던 손끝에 스며든 풋풋한 잎 냄새, 햇살 아래 반짝이는 오디들, 그리고 친구들과 함께 깔깔거리던 웃음소리가 들린다.

나는 단팥빵을 좋아해 집 가까이 있는 프렌차이즈 빵집에 자주 들린다. 복권 판매를 같이하는 그곳에서 복권 긁는 소리는 마치 세상의 모든 비밀을 긁어내는 듯한 찰나의 흥분이다. 긁힌 자국 위로 드러나는 숫자들은 운명의 수레바퀴가 돌아가는 듯한 착각을 불러일으키지만, 대부분 헛된 기대를 남긴 채 '꽝, 꽝, 꽝.'으로 끝난다.

즉석복권은 단순한 도박이 아니다. 그것은 인간의 욕망과 희망, 그리고 불안을 담은 작은 우주다. 마치 중국 고사에 나오는 복희씨가 하늘에서 내려온 그림을 보고 만물을 창조했듯, 복권 속의 숫자를 통해 자신만의 세계를 만들어낸다. 숫자를 통해 꿈을 창조하는 것이다. 「오디」, 「아파트 옆 우체통」, 「프렌차이즈 & 즉석복권」, 「눈물은 쉬 마르지 않는다」 등 소소한 일상의 편린들이다.

*

산책길 가로수에는 참새들이 무리 지어 노래한다. 길 옆 화단에는 백일홍이 활짝 피어 저마다 향기를 뿜으며 맵시를 자랑한다. 오늘도 나뭇가지 햇살 속에 빗금 친 그늘을 만나고 그늘 틈으로 바라보는 햇살이 눈부시다.

저녁이면 모래를 뿌려놓은 듯 반짝이며 떠오르는 별빛이 청명하다. 그래서 예로부터 시원스러운 별을 보면

여름이었다. 밤이 깊어 실내를 환하게 밝히던 전등이 하나둘 꺼지면 달과 별과 가로등 불빛으로 희미하던 창밖이 더욱 밝아지고 이쪽은 어둠에 잠긴다. 그 극적인 반전이 나의 눈에 짙은 잔영으로 남는다.

  돌연 만월이 창가로 다가와 문을 두드리며 존재감을 드러낸다. 내가 지치고 외로울 땐 운행하는 우주 속 자연물이 종종 기대고 싶은 친구가 되기도 한다. 그저 그뿐인 소소한 일상 너머 마음을 다해 사유의 세계를 글로 풀어낸다는 일. 이런 자기표현이 곧 문학일 터.

만인시인선 87
아파트 옆 우체통

초판 인쇄 2024년 8월 25일
초판 발행 2024년 8월 30일

지은이 / 권 오 용
펴낸이 / 박 진 환

펴낸 곳 / 만인사
출판등록 / 1996년 4월 20일 제03-01-306호
주소 / 41960 대구광역시 중구 명륜로 116
전화 / (053)422-0550
팩스 / (053)426-9543
전자우편 / maninsa@daum.net
홈페이지 / www.maninsa.co.kr

ⓒ 권오용, 2024

ISBN 978-89-6349-192-9 03810

값 12,000원

* 이 책의 내용의 전부나 일부를 사용하려면 반드시 저작권자나 만인사 양측의
  동의를 받아야 합니다.

만/인/시/인/선

1. **이하석** 시집 | 高靈을 그리다
2. **박주일** 시집 | 물빛, 그 영원
3. **이동순** 시집 | 기차는 달린다
4. **박진형** 시집 | 풀밭의 담론
5. **이정환** 시집 | 원에 관하여
6. **김선굉** 시집 | 철학하는 엘리베이터
7. **박기섭** 시집 | 하늘에 밑줄이나 긋고
8. **오늘의 시 동인** | 「오늘의 시」 자선집
9. **권국명** 시집 | 으능나무 금빛 몸
10. **문무학** 시집 | 풀을 읽다
11. **황명자** 시집 | 귀단지
12. **조두섭** 시집 | 망치로 고요를 펴다
13. **윤희수** 시집 | 풍경의 틈
14. **장하빈** 시집 | 비, 혹은 얼룩말
15. **이종문** 시집 | 봄날도 환한 봄날
16. **박상옥** 시집 | 허전한 인사
17. **박진형** 시집 | 너를 숨쉰다
18. **정유정** 시집 | 보석을 사면 캄캄해진다
19. **송진환** 시집 | 조롱당하다
20. **권국명** 시집 | 초록 교신
21. **김기연** 시집 | 소리에 젖다
22. **송광순** 시집 | 나는 목수다
23. **김세진** 시집 | 점자블록
24. **박상봉** 시집 | 카페 물땡땡
25. **조행자** 시집 | 지금은 3시
26. **박기섭** 시집 | 엮음 愁心歌
27. **제이슨** 시집 | 테이블 전쟁
28. **김현옥** 시집 | 언더그라운드
29. **노태맹** 시집 | 푸른 염소를 부르다
30. **이하석 외** | 오리 시집
31. **이정환** 시집 | 분홍 물갈퀴
32. **김선굉** 시집 | 나는 오리 할아버지
33. **이경임** 시집 | 프리지아 칸타타
34. **권세홍** 시집 | 능소화 붉은 집
35. **이숙경** 시집 | 파두
36. **이익주** 시집 | 달빛 환상
37. **김현옥** 시집 | 니르바나 카페
38. **도광의** 시집 | 하양의 강물
39. **박진형** 시집 | 풀등
40. **박정남 외** | 대구여성시 20인선집